Petit livre pour Maman

citations rassemblées par Joseph Vebret

PRESSES DU CHÂTELET

Si vous souhaitez recevoir notre catalogue et être tenu au courant de nos publications, envoyez vos nom et adresse, en citant ce livre, aux Presses du Châtelet,
34, rue des Bourdonnais 75001 Paris.
Et, pour le Canada, à
Édipresse Inc., 945, avenue Beaumont,
Montréal, Québec, H3N 1W3.

ISBN 2-84592-152-7

Amour de nos mères,
à nul autre pareil.

Albert Cohen

L'asile le plus sûr est
le sein d'une mère.

Jean-Pierre Claris de Florian

Mère, donne-moi le soleil.

Henrik Ibsen

Dieu ne pouvait être partout,
alors il a créé les mères.

Proverbe yiddish

Pourquoi l'amour ne s'éprouve-t-il que
dans la violence de la perte ?
Parce que sa source est l'expérience
de la perte.
Naître, c'est perdre sa mère.

Pascal Quignard

Le visage d'une mère est pour l'enfant son premier livre d'images.

Christian Bobin

Une maman est celle sur qui l'on compte
pour les choses qui
nous importent le plus.

Katherine Butler Hathaway

J'entends au-dessus de moi dans les cieux
Les anges qui chantent entre eux.
Ils ne peuvent trouver de mot d'amour
[plus grand
Que celui-ci : Maman.

Edgar Allan Poe

Les mères n'ont pas de rang, pas de place.
Elles naissent en même temps que
leurs enfants.

Christian Bobin

Enfants d'un jour, ô nouveau-nés,
Pour le bonheur que vous donnez,
À vous voir dormir dans vos langes,
Espoirs des nids,
Soyez bénis,
Chers anges !

Alphonse Daudet

Dans les bras de sa mère,
tout bébé est beau.

Erno Osvàt

Maman, est-ce que j'ai quelque chose
à moi qui ne soit pas
à vous ?

Émile Zola

On est de son enfance comme
on est d'un pays.

Antoine de Saint-Exupéry

Le cœur d'une mère est un abîme au fond
duquel on trouve toujours un pardon.

Honoré de Balzac

Fragile beauté maternelle où tous les âges
de l'homme puisent
leur raison d'être.

Vasco Varoujean

Le chef-d'œuvre de Dieu,
c'est le cœur d'une mère.

Grétry

Fait d'héroïsme et de clémence
Présent toujours au moindre appel
Qui de nous peut dire
où commence
Où finit l'amour maternel ?

Maurice Chevalier

L'amour maternel est si merveilleux qu'on ose à peine en parler : devant le tabernacle, le plus grand silence est la plus grande admiration.

Camille Schneider

Avec l'amour maternel, la vie nous a fait à l'aube une promesse qu'elle ne tient jamais.

Romain Gary

De tous les amours, l'amour maternel est
le plus harmonieux. C'est le parfait
équilibre de soi-même en autrui.

Jacqueline Mabit

Oui, le destin a couronné mes vœux ;
Oui, je l'obtiens ce tendre nom de mère,
Ce nom sacré, ce nom que je préfère
À tout l'éclat des titres fastueux.

Suzanne Verdier

À la montée du lait commence
l'amour maternel.

André Gide

L'amour maternel est infiniment complexe et imparfait. Loin d'être un instinct, il faut plutôt un petit miracle pour que cet amour soit tel qu'on nous le décrit.

Élisabeth Badinter

Le langage du chagrin maternel est profond
et le secret en est indéchiffrable.

Vasco Varoujean

Et Marie, le regard voilé,
Pencha sur son fils un front désolé :
« Vous ne dormez pas,
votre mère pleure,
Votre mère pleure,
ô mon bel ami… »
Des larmes coulaient de ses yeux ;
sur l'heure,
Le petit Jésus s'était endormi.

Alphonse Daudet

Il y a dans le sentiment maternel
je ne sais quelle immensité
qui permet de ne rien enlever
aux autres affections.

Honoré de Balzac

L'instinct maternel est divinement animal.
La mère n'est plus femme, elle est femelle.

Victor Hugo

Grande, très grande révélation. Ce n'est pas ici un vain spectacle d'art et de sensibilité, simple volupté du cœur et des yeux. Non, c'est un acte de foi.

Quel est ce mystère ? Le voici :

Si l'enfant n'était pas Dieu, si le rapport de la mère à lui n'était pas un culte, il ne vivrait pas.

– C'est un être si fragile, qu'on ne l'eût jamais élevé s'il n'eût eu dans cette mère la merveilleuse idolâtrie qui le divinise, qui lui rend doux et désirable, à elle, de s'immoler pour lui. Elle le voit beau, bon et parfait. Et ce serait peu dire encore, elle le voit comme idéal, comme absolu de beauté et de bonté, la fin de la perfection.

Jules Michelet

Pour apaiser l'enfant qui, ce soir, n'est pas
[sage,
Églé, cédant enfin, dégrafe son corsage,
D'où sort, globe de neige, un sein gonflé de
[lait.
L'enfant, calmé soudain, a vu ce qu'il voulait,
Et de ses petits doigts pétrissant la chair
[blanche
Colle une bouche avide au beau sein qui se
[penche.
Églé sourit, heureuse et chaste en ses pensées,
Et si pure de cœur sous les longs cils baissés.

Albert Samain

L'amour maternel est le plus éminent
des sentiments égoïstes, ou,
pour dire autrement, le plus énergique
des sentiments altruistes.

Alain

Œdipeux : individu nourri au sein maternel
jusqu'à l'âge de
sa majorité, et qui garde
de ce régime une saine corpulence
et un visage joufflu.

Alain Finkielkraut

Les seules vacances de l'homme sont
les neuf mois qu'il passe dans
le sein maternel.

San Antonio

Qui nous aime dès la naissance ?
Qui donne à notre frêle enfance
Son doux, son premier aliment ?
C'est la maman.

Madame Amable Tastu

Seules les femmes, les mères, savent
ce qu'est le verbe attendre.

Erri De Luca

Les ordres d'une mère sont sacrés ;
c'est un crime que de vouloir
s'y soustraire.

Théodore Leclercq

La mère aime tendrement,
le père solidement.

Proverbe italien

Firmaman :
notre mère qui êtes aux cieux.

Marc Escayrol

On a beau se jurer qu'on n'agira jamais
comme sa mère, un jour ou l'autre,
l'inexorable mimétisme
se met en marche.

Christiane Rancé

Même si votre mère vous trouve parfaite,
elle aura toujours besoin de replacer
l'une de vos mèches
de cheveux.

Suzanne Beilenson

Pour connaître ta mère, enfant, commence
à lire dans le livre de son sourire.

Virgile

Devenir mère donne le sentiment
de s'être réalisée.

Hélène Ségara

Tout est bien qui est à sa place,
une femme ne remplit sa destinée que
dans la mesure où elle devient mère.

Colette Cosnier

L'enfant est l'argile,
la mère est le potier.

Proverbe tadjik

Bien avant nous qui donc s'éveille ?
Bien après nous quel ange veille,
Penché sur notre front dormant ?
C'est la maman.

Madame Amable Tastu

Celui qui afflige son père, et
met en fuite sa mère, est infâme
et malheureux.

La Bible

En prenant l'enfant par la main,
on prend la mère par le cœur.

Proverbe danois

Les enfants ne peuvent vous donner que
des gratifications éphémères.
Être mère, c'est
un métier d'une terrible ingratitude.

Catherine Cusset

Si le nouveau-né savait ce qui l'attend,
il retournerait aussitôt
dans le ventre de sa mère.

Sahar Khalifa

Le cinéma, c'est comme un père, ça fait rêver. Le théâtre, c'est comme une mère, on y revient toujours…

Valérie Lemercier

En vouloir à sa mère n'est qu'une façon négative de s'accrocher à elle, toujours.

Nancy Friday

On ne cesse jamais d'être un enfant
tant que l'on a une mère
vers qui aller.

Sarah Orne Jewett

À nous rendre sage qui pense ?
Qui jouit de la récompense
Et s'afflige du châtiment ?
C'est la maman.

Madame Amable Tastu

Dans la prospérité, on a besoin d'un père ;
dans l'adversité,
d'une mère.

Proverbe ourdou

Maman tu es la plus belle
du monde
Car tant d'amour inonde
tes jolis yeux.

Henri Salvador

Eh ! Qui pourrait compter les bienfaits d'une
[mère ?
À peine nous ouvrons les yeux à la lumière
Que nous recevons d'elle, en respirant le jour,
La première leçon de tendresse et d'amour.
Son cœur est averti par nos premières larmes ;
Nos premières douleurs éveillent ses alarmes.
Sous les plus douces lois nous croissons près
[de vous,
Et c'est dès le berceau que vous régnez sur
[nous.

Jean-François Ducis

Je deviens vieux, vieux
Sans vous, Maman
Paysage de mon cœur.

Olga Broumas

C'est dans les bras d'une maman
que s'apprend la tendresse
et c'est dans ceux d'un amant qu'elle
se développe.

Roland Delisle

Au football, le règlement ne prévoit pas que la maman du centre-avant se précipite sur le terrain chaque fois que son fiston est bousculé.

Bill Scott

Ne dois-je donc jamais entendre une de ces charmantes créatures m'appeler maman, me tirer par
ma robe, me tyranniser ?

Honoré de Balzac

Fils ! fils ! Écoute-moi. Je t'en supplie,
réponds pas à mon brave cœur de mère,
mais parle-moi, sans réfléchir à ce que
tu dis. C'est la meilleure façon
de penser correctement,
en intellectuel et en bon fils.

Eugène Ionesco

Écoutez votre père qui vous a donné la vie,
et ne méprisez pas votre mère lorsqu'elle
sera dans la vieillesse.

La Bible

Les enfants d'une mère sont comme
des rêves. Aucun n'est aussi merveilleux
que les siens.

Proverbe chinois

Une mère doit toujours réfléchir deux fois, une fois pour elle-même, une fois pour son enfant.

Sophia Loren

Sa mère ne dit point : « Ma douleur fut amère ;
J'attendais en pleurant, comme attend une
[mère ;
Mon Dieu ! Que j'ai prié, souffert et sangloté ! »
Elle le contempla sans dire une parole,
Le pressa sur son cœur, l'embrassa presque
[folle,
Et dans un seul baiser tout lui fut raconté.

Madame Anaïs Ségalas

« Papa » est un petit mot d'amitié que
les enfants donnent aux maris
de leurs mères.

Curnonsky

Tu m'as aimé, tu m'as guéri,
Tu m'as donné, dans tes alarmes,
Avec ton lait tu m'as nourri,
Tant de chers baisers,
Tant de larmes !

Par toi j'ai pu vivre et penser.
Tu fus ma nourrice et mon ange,
Et moi, pour te récompenser,
Qu'ai-je donné en échange ?

Théodore de Banville

La France c'est ma mère. On peut changer d'épouse mais on ne peut pas changer de mère.

Frédéric Dard

On aime sa mère presque sans
le savoir, sans le sentir. Aucune autre
affection n'est comparable
à celle-là.

Guy de Maupassant

On n'est jamais si bien servi que
par sa mère.

Jacques Pater

La mère aime tendrement et
le père sagement.

Proverbe italien

Si jeune que l'on soit, le jour où l'on perd sa mère, on devient vieux tout à coup.

Alexandre Dumas fils

Il faut plaindre tous ceux qui n'ont pas eu de
[mère,
Car leur espoir est triste et leur joie est amère.

Paul Bourget

Il n'y a aucune recette pour devenir une mère parfaite, mais il y a mille et une façons d'être une bonne mère.

Jill Churchill

Ma fille, va prier ! – D'abord, surtout, pour
[celle
Qui berça tant de nuits ta couche qui chan-
[celle,
Pour celle qui te prit, jeune âme, dans
[le ciel,
Et qui te mit au monde, et depuis, tendre
[mère,
Faisant pour toi deux parts dans cette vie
[amère,
Toujours a bu l'absinthe et t'a laissé le miel.

Victor Hugo

Pour survivre, les sociétés ont plus besoin
de futures mamans que d'experts.

Claude Frisoni

L'amour d'un père est plus haut
que la montagne.
L'amour d'une mère est plus profond
que l'océan.

Proverbe japonais

Le jeune enfant, comme un oiseau
Gazouille en son lit blanc et rose.
La mère, à côté du berceau,
Attend que son bébé repose.
Gracieuse et tendre, sa voix
Fredonne une ancienne romance,
Une complainte d'autrefois,
Que, sans cesse, elle recommence.

Jules Jouy

Comme une mère, une ville natale
ne se remplace pas.

Albert Memmi

La mère rit de son arrondissement.

Alphonse Allais

Si vous voulez rendre vos enfants meilleurs,
donnez-leur l'occasion d'entendre tout
le bien que vous
en dites à autrui.

Haim Ginott

Je ne veux plus avoir que l'amour de ma mère,
Redevenir en lui comme un petit enfant,
M'asseoir à ce foyer d'où vient toute lumière,
Mettre à ce reposoir le bouquet de mes
[ans.

Maurice Magre

L'Amour maternel est le seul bonheur qui
dépasse tout ce qu'on espérait.

Sophie Gay

L'amour de ma mère pour moi était
si grand que j'ai travaillé dur
pour le justifier.

Marc Chagall

Il paraît qu'il y a dans le cœur des femmes
une fibre de plus que chez les hommes.
Il fallait une organisation particulière pour
les rendre capables de supporter, soigner,
caresser des enfants.

Chamfort

Les hommes tiennent le monde.
Les mères tiennent l'éternel qui tient
le monde et les hommes.

Christian Bobin

L'adversité est pour moi ce qu'était la terre
pour Antée ; je reprends des forces dans
le sein de ma mère.

François René, vicomte de Chateaubriand

Le plus saint des devoirs, celui qu'en traits de
[flamme
La nature a gravé dans le fond de notre âme,
C'est de chérir l'objet qui nous donna le jour.
Qu'il est doux à remplir ce précepte d'amour.

Jean-Pierre Claris de Florian

Et le chant, le chant dont ma mère
Berça mon somme au temps jadis
Exhale en moi l'odeur légère
D'un fin bleuet du paradis.

Anatole Le Braz

La beauté des mères dépasse infiniment
la gloire de la nature.

Christian Bobin

Si nous pouvions disposer de l'immortalité,
c'est notre mère que, la première,
nous rendrions immortelle.

Philippe Gerfaut

Aucune mère n'est le camarade de son fils.
Le fils devine vite l'espion derrière
le camarade et la femme jalouse derrière
l'espion.

Jean Cocteau

Les tendresses de tes enfants
Font sentir à ton cœur le plaisir d'être mère.
Combien ils te sont chers ces êtres précieux,
Ces objets de tes soins, ces soutiens de ta vie !
Comme ils savent parler à ton âme attendrie,
Et comme tes regards répondent à leurs yeux !

Jean-François de La Harpe

Est-ce encore ton visage,
Mère, ou déjà le mien
Qui s'efface et devient
Ce sourire sans âge ?...

Maurice Carême

Une chemise de toile cousue par
sa mère est chaude, une chemise de laine
cousue par une étrangère est froide.

Proverbe finnois

Maman !... Rien que toi !

Henri de Toulouse-Lautrec

Et bien plus de baisers
Pour ma mère, en mon cœur,
Qu'on en pourrait donner.

Maurice Carême

Tendresse maternelle
Toujours se renouvelle.

Proverbe français

Les mamans, ça pardonne toujours ;
c'est venu au monde pour ça.

Alexandre Dumas père

Qui n'a pas d'enfants n'a pas de lumière
dans les yeux.

Proverbe persan

L'avenir d'un enfant est l'œuvre
de sa mère.

Napoléon Bonaparte

L'amour maternel est le plus près
de la miséricorde divine.

Robert Charbonneau

T'es pas une maman
si tu sais pas tout réparer.

Bill Watterson

L'espoir est le seul refuge
de l'instinct maternel.

Lao Tseu

Le chant que me chantait naguère
Ma mère douce, au long des nuits,
A dû mourir avec ma mère…
Nul ne me l'a chanté depuis.

Anatole Le Braz

Le cœur des mères se glisse
derrière les lois des hommes.

Jovette-Alice Bernier

Une mère connaît les recettes, celles qui nourrissent, celles qui font grandir.

Pam Brown

Inoubliable est la demeure
Qui vit fleurir nos premiers jours !
Maison des Mères ! C'est toujours
La plus aimée et la meilleure.

Georges Rodenbach

Que, tant qu'on est petit, la mère sur nous
[veille,
Mais que plus tard on la défend ;
Et qu'elle aura besoin, quand elle sera vieille,
D'un homme qui soit son enfant.

Victor Hugo

Aimez qui vous aima du berceau
dans la bière ;
Celle que j'aimai seul m'aime encor
tendrement...

Gérard de Nerval

Aussi, qui devons-nous sans cesse
Bénir pendant notre jeunesse,
Chérir jusqu'au dernier moment ?
C'est la maman.

Madame Amable Tastu

La vraie fête des Mères,
c'est l'anniversaire de leurs enfants.

Jean Cavé

La mère sait aimer :
c'est toute sa science.

Charles Hubert Millevoye

Dans la vie d'un enfant, le père c'est
le nord, la mère le sud, comme si
notre course, analogue à celle du soleil,
consistait à aller d'est en ouest.

Christian Charrière

Mais j'aime mieux encore les baisers d'une
[mère,
Son sourire divin, son amour consolant ;
J'aime mieux les accents de la douce prière
Qu'elle fait bégayer à son plus jeune enfant.

H.-H. Bramtot

Le plus grand amour est l'amour
d'une mère, vient ensuite l'amour
d'un chien, puis l'amour
d'un amant.

Proverbe polonais

Le travail des mères, c'est de protéger
les enfants de la noire humeur des pères.
Et les pères ? Leur travail est, je crois,
de même nature : ils sont là pour garder
les enfants de la trop vive folie
des mères.

Christian Bobin

Voilà la jeune rue et tu n'es encore
qu'un petit enfant
Ta mère ne t'habille que de bleu
et de blanc...

Guillaume Apollinaire

Toutes les mères sont impossibles –
qu'elles aiment trop ou
qu'elles n'aiment pas assez. Il n'y a
pas en la matière de juste mesure.

Christian Bobin

Ô toi dont les baisers, sublime et pur lien !
À défaut de génie
M'ont donné le désir ineffable du bien,
Ma mère, sois bénie.

Théodore de Banville

L'enfance est ce que nous passons
notre existence à essayer
de retrouver.

Forest Whitaker

Ce qu'il y a de plus dur à regarder en face,
c'est le visage d'une mère qu'on n'aime pas
et qui fait pitié.

Jules Renard

La vie n'est vraiment souriante qu'au tout jeune âge : il ne viendra jamais à la pensée d'un enfant, qu'un jour, il pourra perdre sa mère.

Eugène Vivier

L'amour d'une mère remonte
des profondeurs de l'océan.

Proverbe russe

Mais non, éloignez-vous, séduisante chimère ;
En troublant mon repos vous offensez ma
[mère ;
Tant qu'elle m'aimera, qu'aurai-je à désirer ?
Rien... Un si grand bonheur me défend
[d'espérer !...

Delphine de Girardin

Mais j'étais un fils. Les fils ne savent pas
que leurs mères sont mortelles.

Albert Cohen

Rêves menteurs qui nous charmez,
Allez, enfants, douces chimères !
Vous n'aimerez jamais vos mères
Autant qu'elles vous ont aimés !

Gustave Nadaud

On est si petit, le monde
est si grand
Que serait la vie,
sans notre Maman.

Mick Micheyl

Oui, l'enfant veut toujours aller perçant
[l'espace,
Tourner autour du monde et voir ce qui s'y
[passe.
Oui, son âme est l'oiseau qui n'a point de
[séjour,
Et qui vole partout où Dieu répand le jour.

Marceline Desbordes-Valmore

Ce fils, ma joie seule, et l'image d'Hector ;
Ce fils, que de sa flamme il me laissa pour
[gage !

Jean Racine

Mère est le nom pour Dieu
sur les lèvres et dans les cœurs
des petits enfants.

William Makepeace Thackeray

À l'oreille de tous les enfants, « maman »
est un mot magique.

Arlene Benedict

L'épouse, c'est pour le bon conseil ;
la belle-mère, c'est pour le bon accueil ;
mais rien ne vaut
une douce maman.

Léon Tolstoï

Dieux, disait-elle, ah ! comblez mes désirs !
C'est peu, trop peu, de les avoir fait naître,
Je dois encore les chérir, les voir croître.
On devient mère, hélas, par les plaisirs,
Par l'amour seul, on est digne de l'être.

Barthélemy Imbert

J'aime ta voix, jamais je ne m'en rassasie.
Ma mère, ton regard plus doux que l'Orient,
Tout enfant, me faisait rêver la poésie,
Et tu m'as entr'ouvert les cieux, en souriant !

Théodore de Banville

L'enfant reconnaît sa mère
à son sourire.

Virgile

Zulima se récrie... elle presse à la fois
L'époux qui la chérit et l'enfant qu'elle
[adore ;
Elle voudrait parler encore
Et le bonheur éteint sa voix.

Marie-Jeanne Bougourd

Étrange chose que d'être mère !
Ils ont beau nous faire du mal,
nous n'avons pas de haine
pour nos enfants.

Sophocle

Je tiens mon âme en paix
et en silence, comme un enfant contre
sa mère.

La Bible

Il faut pour qu'un enfant puisse chérir sa
[mère,
qu'elle pleure avec lui, partage ses douleurs,
Ô ma mère chérie, sur la rive étrangère
pour m'attirer à toi, que tu versas de pleurs !...

Thérèse de Lisieux

Au long de la longue vie, il y a bien
des amours parce que Dieu est bon.
Mais d'un amour plus fort que tout,
plus obstiné que tout, plus long que tout,
nul n'est aimé que par sa mère.

Paul Raynal

Une mère ne meurt jamais car
on l'appellera toujours « maman ».

André Lévy

Dans les souvenirs d'enfance
de chaque bon cuisinier se trouve
une grande cuisine, une cuisinière
en marche, un gâteau qui cuit et
une maman.

Barbara Costikyan

Tu es belle, ma mère,
Comme un pain de froment
Et dans tes yeux d'enfant
Le monde tient à l'aise.

Maurice Carême

Les pères et les mères, même indignes,
souffrent toujours plus que leurs enfants.

Hervé Biron

À peine sommes-nous des hommes
Nous faisons souffrir les mamans !

Théodore Botrel

Le cœur d'une mère est l'école
de l'enfant.

Henry Ward Beecher

Ma mère adorait les enfants,
elle aurait donné n'importe quoi
pour que j'en sois un.

Groucho Marx

Vis entre une épouse, une mère tendre
qui te chériront à qui mieux mieux.
Sois indulgent pour elles, heureux pour toi,
mon fils ; gai, libre et bon pour tout
le monde ; il ne manquera rien à ta mère.

Pierre Augustin Caron de Beaumarchais

Ce qui atteint le cœur de la mère ne monte
qu'aux genoux du père.

Proverbe polonais

Ah, comment fuir alors mon désir
D'être encore enfant !

Rainer Maria Rilke

La Providence a voulu que, pour les raisons les plus hautes, l'homme aimât la terre où il est né, comme il aime sa mère, fût-elle indigne de son amour.

Jules Amédée Barbey d'Aurevilly

Écoutez, mon fils, les instructions
de votre père, et n'abandonnez point
la loi de votre mère.

La Bible

C'est une chose étrange de découvrir et
de croire qu'on est aimé, quand on sait
que personne ne peut aimer personne
qu'un père, une mère ou un Dieu.

Graham Greene

J'ai allaité et sais comme il est doux
d'aimer le bébé qui me tète.

Shakespeare

Cet ouvrage a été composé
par Atlant' Communication
aux Sables d'Olonne (Vendée)
Impression réalisée sur offset par

BRODARD & TAUPIN
GROUPE CPI

La Flèche
en mars 2005
pour le compte des Presses du Châtelet.

Imprimé en France
N° d'édition : 252 – N° d'impression : 29393
Dépôt légal : mai 2005